십자가를 품다

십자가를 품다

발행일 2026. 1. 26

공저 나영훈 안토니오 신부 / 이경희 에드부르가
펴낸이 강병완

펴낸곳 성바오로
출판등록 7-93호 1992. 10. 6
주소 서울특별시 강북구 오현로7길 20(미아동)

취급처 성바오로보급소 **전화** 944-8300, 986-1361
팩스 986-1365 **통신판매** 945-2972
E-mail bookclub@paolo.net
인터넷 서점 www.paolo.kr

책값은 뒤표지에 있습니다.
ISBN 978-89-8015-964-2
교회인가 서울대교구 2025. 11. 6 **SSP** 1107

십자가를 품다

나영훈 안토니오 신부
이경희 에드부르가
공저

성바오로

복음이 전하는 겟세마니에서

극도의 고통 속에 계시는

주님을 봅니다.

"내 마음이 너무 괴로워 죽을 지경이다.
너희는 여기에 남아서 나와 함께 깨어 있어라."

마태 26,38

(예수님께서는) 앞으로 조금 나아가
얼굴을 땅에 대고 기도하시며 이렇게 말씀하셨다.
"아버지, 하실 수만 있으시면
이 잔이 저를 비켜 가게 해 주십시오.
그러나 제가 원하는 대로 하지 마시고
아버지께서 원하시는 대로 하십시오."

마태 26,39

시작 기도

✠

십자가를 사랑으로 품으신 주님,

이제 저희는 십자가에서 무덤
그리고 부활에 이르는
수난·고통·영광의 길을
당신과 함께 걷고자 하나이다.

길, 진리, 생명이신 주님만이
우리 삶의 모범이시니
오로지 믿음과 사랑으로
주님을 바라보게 하소서.

저희는 주님의 마음을 아프게 한
저희 잘못을 뉘우치고
새로운 회개의 길을 걷고자 하오니
진리와 깨달음의 빛을 비추어 주시어
주님 안에서 두려움 없이
앞으로 나아가게 하소서.

제1처

초연한 손

예수님께서 사형 선고 받으심을 묵상합시다.

'초연超然한 손'을 지니신 주님,
당신은 십자가를 지셔야 한다는 것을
숙명으로 받아들이셨습니다.
아버지 하느님에 대한 사랑과 믿음으로
순종順從의 초연한 손을 우리에게 보여 주십니다.
저희에게도 하느님이 허락하신 십자가를
받아들이는 믿음을 주소서.

"믿는 이에게는 모든 것이 가능하다."

마르 9,23

말씀 묵상 후 영광송

제2처

고난의 첫발

예수님께서 십자가 지심을 묵상합시다.

'고난의 첫발'을 내디디신 주님,
십자가와 가시관은
고난을 넘어서는 사랑의 상징입니다.
예수님은 우리 죄를 대신해
십자가와 가시관을 감당하셨습니다.
주님께서 걸어가시는 그 길을
저희에게도 허락하소서.

"그분께서 당신 백성을 죄에서 구원하실 것이다."

마태 1,21

말씀 묵상 후 영광송

제3처

힘에 겨워 넘어지신 고난

예수님께서 기력이 떨어져 넘어지심을 묵상합시다.

'힘에 겨워 넘어지신 고난'을 겪으신 주님,
당신은 고통과 갈증으로 기력이 약해지셨지만
포기하지 않고 끝까지 십자가를 지고 가십니다.
저희에게도 인내로써 생명을 얻게 하소서.

"진리를 실천하는 이는 빛으로 나아간다."

요한 3,21

말씀 묵상 후 영광송

제4처

사랑으로

예수님께서 성모님을 만나심을 묵상합시다.

'사랑으로' 십자가를 지고 가신 주님,
성모님은 신앙인으로,
어머니의 마음으로
십자가를 지고 가시는
당신의 손을 잡아 주십니다.
어머니께서 당신께 희망을 두고
용감하게 견뎌 내셨듯이
저희도 당신 어머니의 손을 잡고
모든 어려움을 이겨 내게 하소서.

"말씀하신 대로 저에게 이루어지기를 바랍니다."

루카 1,38

말씀 묵상 후 영광송

제5처

도움의 손

시몬이 예수님을 도와 십자가 짐을 묵상합시다.

'도움의 손'을 지니신 주님,
두 사람의 네 개의 손과 발이
든든하게 십자가를 지고 있습니다.
뒷부분은 서로 어긋나게 보이지만
그것은 서로 이어지고 있습니다.
우리 삶도 각각 별개의 삶을 살지만
혼자가 아닌 같이, 함께입니다.

"하느님의 뜻을 실천하는 사람은 영원히 남습니다."

1요한 2,17

말씀 묵상 후 영광송

제6처

치유

베로니카, 수건으로 예수님의 얼굴을 닦아 드림을 묵상합시다.

'치유'治癒하시는 주님,
상처 난 얼굴을 닦아 줄 수 있는
따뜻한 사랑이 육신의 고통뿐만 아니라
정신적 아픔까지도 치유할 수 있습니다.
저희도 지친 누군가의 얼굴을 알아보고
눈물과 아픔을 닦아 주는
치유의 성사가 되게 하소서.

"누구든지 그분의 말씀을 지키면, 그 사람 안에서는
참으로 하느님 사랑이 완성됩니다."

1요한 2,5

말씀 묵상 후 영광송

제7처

고난의 위기

기력이 다하신 예수님께서
두 번째 넘어지심을 묵상합시다.

'고난의 위기'를 당하신 주님,
당신은 기력이 쇠한 몸으로
겨우 땅을 짚을 힘조차 없으십니다.
그 고난을 저희에게 나누어 주시어
저희가 다시는 죄에 빠지지 않게 하시고
늘 깨어 기도하게 하소서.

"너희는 인내로써 생명을 얻어라."

루카 21,19

말씀 묵상 후 영광송

제8처

위로

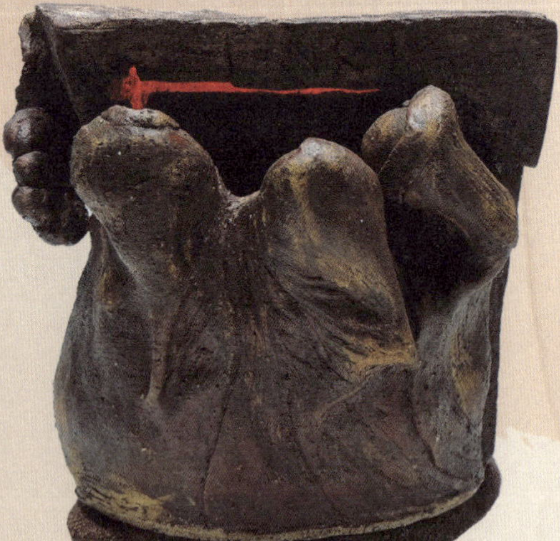

예수님께서 예루살렘 부인들을 위로하심을 묵상합시다.

'위로'慰勞이신 주님,

당신은 십자가를 지고 골고타 언덕을 오르시며

극도의 고통 가운데에서도

슬픔에 잠긴 여인들을 위로하셨습니다.

저희에게도 주님의 위로를 허락하소서.

"당신 말씀은 제 발에 등불, 저의 길에 빛입니다."

시편 119,105

말씀 묵상 후 영광송

제9처

거듭되는 고난

예수님께서 세 번째 넘어지심을 묵상합시다.

'거듭되는 고난' 가운데 계시는 주님,
기력 없이 세 번이나 쓰러질 수밖에 없는 당신은
아버지가 함께하심을 믿으며
아버지의 이름을 거룩히 드러내시며
아버지의 나라가 오게 하십니다.

"그분의 계명을 지키는 사람은 그분 안에 머무르고,
그분께서도 그 사람 안에 머무르십니다."

1요한 3,24

말씀 묵상 후 영광송

제10처

감내

예수님께서 옷 벗김 당하심을 묵상합시다.

'감내'堪耐하시는 주님,
당신은 온갖 굴욕과
치욕스러운 모습을 감내하시며
십자가의 길을 계속 가십니다.
침묵 속에서 보여 주시는
사랑과 믿음을 깨닫게 하소서.

"너의 의로움이 네 앞에 서서 가고
주님의 영광이 네 뒤를 지켜 주리라."

이사 58,8

말씀 묵상 후 영광송

제11처

어디까지입니까?

예수님께서 십자가에 못 박히심을 묵상합시다.

'어디까지입니까?'라고 절규하시는 주님,
당신은 얼마나 고통스러우셨을까요?
날카로운 못이
당신의 두 손과 발을 뚫고 들어갑니다.
감당하기 어려운 아픔과 고통 속에서도
주님께서 함께하시어
저희를 굳세게 하여 주소서.

"하느님의 은사와 소명은
철회될 수 없는 것이기 때문입니다."
로마 11,29

말씀 묵상 후 영광송

제12처

죽음은 영원한 안식으로

예수님께서 십자가 위에서 돌아가심을 묵상합시다.

'죽음은 영원한 안식으로' 사라집니다.
주님, 죽음을 통해 영원한 안식을 얻고
부활의 영광을 함께하심을 믿으며
저희도 주님의 일꾼으로 살게 하소서.

"다 이루어졌다."

요한 19,30

말씀 묵상 후 영광송

제13처

죽음을 통한 영원한 삶

제자들이 예수님 시신을 십자가에서 내림을 묵상합시다.

'죽음을 통한 영원한 삶'을 이루신 주님,

주님은 빛으로 오신 분이십니다.

십자가의 길에 생生과 사死가 함께하듯,

피에타에도 고통과 슬픔이

그리고 평화와 부활이 함께한다는 것을 믿습니다.

"나와 복음 때문에 목숨을 잃는 사람은

목숨을 구할 것이다."

마르 8,35

말씀 묵상 후 영광송

제14처

빛을 밝혀 주소서

예수님께서 무덤에 묻히심을 묵상합시다.

'빛을 밝혀 주소서' 주님,
영원한 삶을 믿으며 기도합니다.
우리 모두에게 주어진 십자가에
하느님의 은총이 빛으로 가득하여
빛의 자녀로 살게 하소서.

"그리스도께서는 죽음을 폐지하시고,
복음으로 생명과 불멸을 환히 보여 주셨습니다."

2티모 1,10

말씀 묵상 후 영광송

마침 기도

주님,
십자가의 길을 걸으며
당신의 사랑을 기억합니다.

십자가를 품는다는 것,
그것은 사랑한다는 것입니다.

하느님께서 사랑으로 세상을 창조하셨듯이
당신은 십자가를 통해 아버지의 사랑을
저희에게 보여 주십니다.

우리의 삶은
가도 가도 끝이 없는 고통의 길처럼 보이지만
그 끝에서 만나게 될 부활의 기쁨이 있기에
이제 저희는 성령의 도움으로
두려움 없이 살아갈 수 있게 되었습니다.

당신의 어머니 성모님과 함께
오늘도 내일도 십자가를 기꺼이 껴안고
기쁨과 희망으로 살 수 있게 하소서.
우리 주 그리스도를 통하여 비나이다. 아멘.

교황님의 기도 지향에 따라
주님의 기도, 성모송, 영광송

십자가를 품다

예수님께서 하느님 아버지의 뜻이 원하시는 대로 이루어지기를 바라시며 사형 선고를 받으신 제1처 처연한 손에서 『십자가를 품다』가 시작되었습니다.
점토 재료 특성상 건조도에 따라 작업해야 하므로 한 팔로 안고 조각하는 시간이 많아 몇 시간 동안 하다 보면 힘줄이 늘어나는 힘든 작업이었습니다.
모든 작업이 어렵고 쉬운 것은 하나도 없었지만 작업하는 동안 저에게 행복한 십자가의 길을 가게 해 주셨습니다.
예수님의 수난과 고통의 십자가에 사랑과 행복이 함께하였다는 것을 작업을 통해 와 닿았습니다.
받아들이고자 하는 일은 그만큼 힘든 일이지만 끝까지 할 수 있는 힘과 결실도 함께 주신다는 것을 하나의 작품이 완성될 때 경험하게 해 주신 주님의 은총이었습니다.

십자가를 책임이나 의무를 맡아 짊어진다는 것에서 더 나아가 품속에 넣거나 가슴에 대어 안을 수 있는 '품다'는 것에 의미를 알아 가는 과정이 행복하였기에 앞으로도 작업을 통해 힘들고 어렵지만 제게 주어진 십자가를 기대하며… 기도 속에 이루어진 작품을 통해 하느님의 은총이 함께하시길 희망합니다.

조형 예술학 박사 이경희 에드부르가